एंग्ज़ायटी नौ-दो-ग्यारह

कविताओं का सचित्र संग्रह
टीनएजर्स और युवाओं के लिए

*तारा के ५० तरीके जिनकी मदद से
बाघू ने एंग्ज़ायटी पर विजय पायी*

द्वारा:   पराग ध्रुव पांडेय
सह-लेखक: चैट जीपीटी
सह-चित्रकार: मिड्जर्नी एआई

नोशन प्रेस

भारत। सिंगापुर। मलेशिया।

आईएसबीएन 979-8-89186-417-7

इस संग्रह के बारे में

हालाँकि मैं पूरे भरोसे से तो नहीं कह सकता, यह टीनएजर्स और युवाओं के लिए एंग्ज़ायटी से निपटने और उस पर विजय पाने पर कविताओं की पहली सचित्र पुस्तक हो सकती है, जो मेरे जैसे उम्रदराज़ व्यक्ति द्वारा जेनरेटिव आर्टिफिशियल इंटेलिजेन्स (एआई) की मदद से बनाई गई है।

५० तरीके क्यों?

इनसे किसी प्रियजन को ठीक होने में मदद मिली है, और मेरा मन है कि हमें मिले आशीर्वादों और नसीहतों को मैं औरों के हिस्से करूँ। इसके अलावा, मैं, पिछले कुछ वर्षों के दौरान, विश्वसनीय स्रोतों और हमारे अनुभवों से एकत्र की गई सभी अच्छी चीज़ों को एक ही स्थान पर आसानी से उपलब्ध कराना चाहता हूँ। मानसिक कल्याण के लिए जितना हम अकसर सोचते हैं उससे कहीं अधिक बहुआयामी प्रयासों की आवश्यकता होती है।

टीनएजर्स और युवा ही क्यों?

मैं इन दिनों उनमें से बहुत से लोगों को मानसिक स्वास्थ्य समस्याओं से जूझते हुए देख रहा हूं, और मदद करना चाहता हूं। साथ ही, युवावस्था में ही उन्हें पॉज़िटिवली प्रभावित करना दुनिया में स्वास्थ्य सुधार का एक अच्छा तरीका है। आख़िरकार, वे कल के नायक होंगे। वैसे तो यह किताब अडल्ट्स के भी उतनी ही काम आ सकती है।

मनभावन चित्र और सरल कविताएँ क्यों?

ये अपने आकर्षण और लय के कारण किसी भारी विषय को हल्का कर सकते हैं, और उसे आसानी से प्रस्तुत कर सकते हैं। आश्वस्त रहें, कि, विशेषज्ञ और आपकी अपनी शोध, तकनीकी और गद्य की आपकी रुझानों को संतुष्ट करेंगे।

ए आई से सहायता प्राप्त सामग्री क्यों?

मुझमें इस प्रकार की प्रतिभा नहीं है, न ही ऐसी मदद मुझे इतनी उचित कीमत पर उपलब्ध है, कि मैं अपनी सीखों को प्रभावी ढंग से व्यक्त कर सकूँ।

तारा और बाघू क्यों?

क्योंकि *तारा*, मेरी बेटियों की हमउम्र, उन सक्षम युवाओं का प्रतिनिधित्व करती है, जो इस मामले को सहजता से स्वीकार करते हैं और इस बारे में खूब जानकारी भी रखते हैं। इस लिए वे मानसिक बीमारी के खिलाफ लड़ाई में बेहद ज़रूरी हैं। *बाघू*, बाघ का क्यूट बच्चा, उस युवा और मजबूत प्रियजन का स्वरूप है जिसकी मानसिक और इमोशनल कठिनाइयों को आसानी से नजरंदाज किया जा सकता है या कुछ और समझा जा सकता है।

महत्त्वपूर्ण अस्वीकरण

इस पुस्तक में शामिल किसी भी चीज़ को योग्य विशेषज्ञ से प्राप्त सक्षम चिकित्सा सलाह या उपयुक्त ट्रीटमेंट के रूप में नहीं माना जाना चाहिए। ये सिर्फ मेरे परिवार की सीखें हैं, जिन्हें अच्छे इरादे से साझा किया जा रहा है।

मानसिक बीमारी एक गंभीर मामला है, और सटीक मूल्यांकन और उचित उपचार के लिए संबंधित स्वास्थ्य विशेषज्ञ से तुरंत परामर्श करना महत्वपूर्ण है।

लेकिन, समय-समय पर, आप निश्चित रूप से, इस पुस्तक की सामग्री के बारे में अपने डॉक्टर या चिकित्सक से मार्गदर्शन ले सकते हैं।

खुलासा

प्रत्येक फाइनल चित्र को मैंने एक डिज़ाइन टूल, 'कैनवा', का उपयोग करके, मेरे ही द्वारा जेनरेटिव एआई के एक टूल, 'मिड्जर्नी', से बनायी विभिन्न चित्रों और छवियों के इस्तेमाल से एडिट, कंपोज़ और तैयार किया है।

प्रत्येक फाइनल कविता को मैंने 'चैट जीपीटी' और 'गूगल ट्रांसलेट' का उपयोग करके मेरे ही द्वारा तैयार किए गए कई ड्राफ्टों से थोड़ा-थोड़ा लेकर इस तरह एडिट किया और जोड़ा है, ताकि, जब एक साथ पढ़ा जाए, तो यह मेरे परिवार के अनुभवों और सीखों को यथोचित रूप से व्यक्त करे।

जबकि जनरेटिव एआई टूल्स ने मेरी बहुत सहायता की है और सशक्त बनाया है, और मैं वास्तव में इसके लिए आभारी हूं, इस संग्रह को तैयार करने में पिछले आठ महीनों में मुझे बहुत सारा समय और योगदान देना पड़ा है। इसके अलावा, मुझे उक्त टूल्स के सशुल्क सब्स्क्रिप्शन्स के उदार लाइसेन्सेस का फ़ायदा भी मिला है।

तारा के 50 तरीके

ये तरीके न किसी विशेष क्रम में बताये गए हैं,
ना ही इनमें कोई तरीका छोटा-बड़ा है।

शुरुआती सिम्टम्स
का इलाज कराओ

शुरुआती सिम्टम्स का इलाज कराओ

अनिद्रा, तेज़ धड़कनें व उखड़ती साँसें भी,
एसिडिटी, बेचैनी एवं घुमनी, हैं होतीं सभी।
अति सक्रियता, खाज-खुजली और फोबिआ जो होते प्रकट,
वजन में गिरावट व तीव्र दर्द, ये सब बढ़ा देते घबराहट।

कर लक्षणों का इलाज, ना सिर्फ सुकून वास्ते,
शरीर और मन होते एक संयुक्त दल उपचार के।
मन शरीर को बीमार या ठीक कर सकता आसानी से,
वैसे ही, शरीर भी मन को चंगा कर लेता सरलता से।

इसलिए ना कर दूरी लक्षणों के टाइम्ली उपचार से,
बन सकता है राहत का कारण, बचाव मूल मर्ज़ की मार से।
याद रख, आराम भी है अति आवश्यक लक्ष्य उपचार का,
महत्वपूर्ण भूमिका जितनी कारण की, उतनी ही है प्रभाव का।

बीमारी से लड़ो,
दवाओं से नहीं

बीमारी से लड़ो, दवाओं से नहीं

जब लगे अधिक नीरस, जब मन होता अकसर उदास,
"अकेले न करना संघर्ष", रख इस सत्य पर दृढ़ विश्वास।
शिक्षा-चिकित्सा ले विशेषज्ञ की, बात शुभचिंतक की मान,
अफवाहों को दे लगाम तू, नीम-हकीम खतरा-ए-जान।

आवाज़ें ऐसी नकार, जो हों स्वघोषित ज्ञानियों की ऐसी गुहार,
"डॉक्टरी दवाओं से रखना दूरी, वरना भुगतना पड़ेगा यार"।
बनायें न अडिक्ट ये गोलियाँ, करे न सुन्न नियमित उपयोग,
दुनिया के बेहतर उपचारों में, व्यापक इनका बहुत प्रयोग।

प्रमाण इनके इस्तेमाल का, बने ही ये मदद वास्ते,
देते सहारा विरक्ति में, छुड़ाएं कुछ भय के चंगुल से।
जान लो, जूझना रोग-व्याधि से है बहुत जरूरी,
न की लड़ना दवा-इलाज से, बात सच है ये पूरी।

डॉक्टर-थेरपिस्ट के ट्रीटमेंट का पालन कर,
स्वास्थ्य के सार्थक पथ पर आज्ञाकारी बने रहकर।
रोकना खुद की मर्ज़ी से, बदलना दवाओं की खुराक,
प्रगति में व्यवधान डालता, संभव दुष्प्रभाव खतरनाक।

ढूंढो एक हितैषी
थेरपिस्ट

ढूंढो एक हितैषी थेरपिस्ट

एक्सपर्ट हो शुभचिंतक तो इलाज से झट-पट,
घटती घबराहट, बढ़ता आत्मविश्वास फटाफट।
हिम्मत देता उनका अनुभव, उनकी राय निरंतर,
चले जब तू ऊबड़-खाबड़, चक्करदार सफर पर।

चिंता होती 'चक्कर आज़ादी की', ऐसा चर्चित है,
या 'अलार्म पुनर्विचार का', वैसा प्रसिद्ध है।
समझ इसे, और ले विशेषज्ञ की छाया सुरक्षित,
विस्तार और विकास के होंगे पथ सुनिश्चित।

संग बढ़िया मार्गदर्शक के, 'स्काई-डाइव' बने यादगार,
वैसी ही खतरे की सिहरन, वैसा ही उल्लास अपार।
कभी लहर उठाने वाली, कभी झुनझुनी गिरने की यार,
अंतिम क्षण की खामोश प्रार्थना, फिर सुरक्षित उतार।

ले छलाँग विश्वास की, और कर सहज समर्पण,
हितैषी योग्य चिकित्सक के उपचार को दे निमंत्रण।
राज़ी-ख़ुशी उतरेगा गगन से, ठोस ज़मीन पर जब,
पास होगी अनमोल शिक्षा, अद्भुत अनुभव तब।

⸺◦⸺

पसंदीदा भोजन करो
भरपूर

पसंदीदा भोजन करो भरपूर

एंग्ज़ायटी और भय के भड़भड़ाते बवंडर में,
लड़खड़ाते हैं भूख और पाचन, उलट-पुलट जाते हैं।
मनपसंद भोजन तब पर भी, दावत जैसे लगते हैं,
पोषण और सुधार कर सकते, कॉन्फिडेंट महसूस कराते हैं।

सुगंध लुभाते, स्वाद देते सुकून, रंग जीवंत करते हैं,
एकजुट वे स्वर-लहरी, एक रमणीय दृश्य बनाते हैं।
हर कौर सन्देश सुनाता तुझे, याद दिलाता प्रेम से,
जीवन की ज़रूरतें प्रायः मामूली, छोटी खुशियां सौभाग्य हैं।

तो हर निवाले का आनंद ले, अपनी इंद्रियों को उल्लास दे,
रहकर भी एंग्ज़ायटी के घेरे में, जोड़ ले तू तार आराम के।
क्योंकि थाली में तेरी, जो निःस्वार्थ प्यार और ताक़त मिलते,
हृदय को कर सकते हैं हल्का, परिवर्तन दशा में कर सकते।

खुले में सक्रिय बनो, पसीना बहाओ

खुले में सक्रिय बनो, पसीना बहाओ

चला साईकल, लगा दौड़, या फिर खुले में खेल स्वच्छंद,
स्पर्श प्रकृति का, हलचल सक्रियता की, एंग्ज़ायटी को नहीं पसंद।
जब नज़ारे सोखे अंतर्मन, और साँसें चलें बनकर नियमित,
दूर होंगी कठिनाइयां काल्पनिक, महसूस ताज़ा करेगा निश्चित।

नहीं रोक सकता अंधेरा तुझे डराये दबाये,
जब तू बीती निराशाओं और अपेक्षित शंकाओं से बाँह छुड़ाये।
सटीक प्राणायाम और सही ध्यान से, बढ़ते कदम होते आसान,
मिलते ज़िंदा पल, अतीत और भविष्य को हरा देता वर्तमान।

खुश-मिजाज़ 'फेरोमोन' और 'सेरोटोनिन' भीतर होते उत्पन्न,
बढ़ते व्यायाम, खेल, पोषण व प्यार से, है ये नैचुरल नियम।
होता मन शांत और दिल साहसी, होती ताक़तवर मसल्स व हड्डियाँ,
सच्चे होते संकल्प दिखते, सुनायी देतीं इम्प्रूवमेंट की किलकारियां।

प्रकृति का अनंत विस्तार, उसकी अनुपम, अनुग्रह कृपा,
ले आता जगत की दया तुझपर, ईश्वर की तुझपे असीम अनुकम्पा।
तू पाता आत्मविश्वास और बल, हर प्रयास से, हर मोड़ पर,
मन खुलता, नयी राहें मिलतीं, भय और चिंता से दूर हो कर।

नियमित पानी पियो

नियमित पानी पियो

बोझ घबराहट और टेंशन का जब तुझपर बढ़े,
पानी पीने के हैं इफेक्ट बड़े, फायदे सच्चे।
कार के इंजन जैसा तू गन-गनाता, चलता ही जाता,
तेरे रेडिएटर को मिले न पानी ठंडा, तो तू गर्माता।

सताते गहरे दर्द का एहसास होता कम,
इलाज के गुण जो पानी के हों प्रकट, है नियम।
वैसे भी पानी है स्रोत, शक्ति का और ऊर्जा का,
भोजन, हवा, व सूरज सा, होता जीवनदायी सदा।

पानी पीने का सीख तरीका, बन खिलाड़ी सामान,
डाल इलेक्ट्रोलाइट्स उसमें, बढ़ेगा संतुलन, मिलेगा आराम।
घुले हुए तेरे पानी में, हो नसों में जब इनका संचार,
होती चिंता की तीव्रता कम, हौले से हो तेरा सुधार।

पानी भी तेरा ढाल-कवच्छ, हो विकल्पों में से एक,
मुकाबला एंग्ज़ायटी से कर डटकर, खोए बिना विवेक।
सही मात्रा और तरीके से, जल सेवन होता है उत्तम,
सुख-शांति और स्वास्थ्य का, अगर तुझे करना हो उद्गम।

पीठ की देखभाल करो

पीठ की देखभाल करो

है पीठ और मन का अदृश्य गहरा रिश्ता,
बोझ बढ़ा कि पीठ झुकी, आसान है कल्पना।
अध्यात्म ने है सदैव यह जाना,
रीढ़ और भावनाएं हैं साथी, उनका संबंध पुराना।

मेडिकल जगत में ज़ाहिर, मिला प्रमाण विश्वसनीय अब,
कमजोर पीठ और भयभीत मन, इक दूजे के कारण जब-तब।
मानसिक स्थिति और रीढ़ की अवस्था, एक मेक में हैं गुंथे,
एक को दे सुधार, दूसरा भी राज़ी ख़ुशी चले।

तो पीठ की मालिश करा, व्यायाम कर, देख होते चमत्कार,
मांसपेशियाँ कर लचीली, हड्डियाँ कर मजबूत, बना बढ़िया आधार।
सुधार ढंग, संवार पोस्चर, सुन कंधे, पीठ और कमर की पुकार,
इनके देखरेख का एक और गिफ्ट, साँसों में सुधार अपार।

जब पीठ हो सीधी, सफल हों काम अनुष्ठान,
मन हो स्थिर, आत्मा प्रसन्न, भरे चित्त उड़ान।
लचीली पीठ करती संतुलित दिल-ओ-दिमाग,
लगा सुर, बजा ताल, गा साहस-प्रगति का राग।

डायरी लिखा करो
JOURNAL

डायरी लिखा करो

कर कोशिश, साइकोलॉजिस्ट अक्सर हैं समझाते,
रोज लिख डायरी में, आपबीती नोट करते अपनी कहानी बताते।
दुःख, चिंता, उतार-चढ़ाव, राहत, प्रगति के बारे में लिखता जा,
छांट-छांटकर उन्हीं में से, तू एंग्ज़ायटी के कारण व सोल्युशन पा।

सपनों और कल्पनाओं में भी, छिपे हमारे रहस्य कितने,
विचारों-भावनाओं को इग्नोर न कर, चाहे टेम्पररी हों जितने।
लिखकर तू डेली की बातें, करता सहायता अपने मेमरी की,
सटीक विवरण देता डॉक्टर को, करता फैक्चुअल बातें अपने
    हाल की।

टहलते सुधार की राहों पर, अपने ट्रीटमेंट की बुनता चल कहानी,
पिरोकर साथ बीतते पलों को, एक्सपीरियंस कर यह अलग रवानी।
दोहराकर सुनता जब तू खुद को, परिचय होता खुद की तबीयत से
बनाकर डायरी को सहयात्री तू मुक़ाबला करता, राहत पाता
    दुःखों से।

निर्धारित विटामिन्स और सप्लिमेंट्स लो

निर्धारित विटामिन्स और सप्लिमेंट्स लो

हों तेरी आत्मा को जकड़े, खिंचाव, तनाव और दबाव,
डॉक्टरी विटामिन्स व सप्लिमेंट्स, कम करते हैं दुष्प्रभाव।
'मैग्नीशियम' शांत करता, टेन्शन को करता तमाम,
नसों को आराम देता, जादू सा करता है काम।

'ज़िन्क', मिजाज़ का सहारा बने, ताज़ा करे,
करे सुदृढ़ और योग्य, जूझने की शक्ति बढ़ा दे।
'बी-कॉम्प्लेक्स विटामिन्स', ऊर्जा के हैं उपाय उत्तम,
करें खून को ताज़ा, हैं थके तन-मन के लिए संगम।

'विटामिन-सी', तनाव-मुक्ति का कुशल सेनानी,
इम्युनिटी बढ़ाए, करे समस्या को हलका एवं निष्प्रभावी।
'विटामिन-डी' का ओजस-तेजस, निश्चित ही तू अपना ले,
इस उपहार का सहभागी बन, अंदर की ताकत बढ़ा दे।

'फैटी एसिड ओमेगा-३', मस्तिष्क को सक्षम करे,
हरे अंदरूनी सूजन को, बैरी एंग्ज़ायटी का बने।
चीज़ें ये कमाल की, हैं शक्तिशाली टीम संगठित,
संभालें तेरी मुसीबतों को, इनके कई फायदे निश्चित।

भरोसा रखो
अपने शेरपाओं पर

भरोसा रखो अपने शेरपाओं पर

जब कहीं खो जाए विश्वास, और पैर अटक से जाएं,
लगे ऐसा, कि रूठे हुए भाग्य को कैसे मनाएं।
न डर तू, क्योंकि कई शेरपाओं का मिलेगा संग,
उठाएंगे भार, दिखाएंगे राह, बनेंगे तेरी चढ़ाई के अंग।

बोझ ढोने की शक्ति, और दृढ़ता से भरा दिल लिए,
वे होते हैं साथ, हमेशा ही सफर के शुरुआत से।
उनकी दोस्ती सच्ची, उज्जवल उनकी संगति,
निकट निरंतर चलते रहते, ऊबड़-खाबड़ राह में भी।

कठिन है यात्रा बेशक, पर इसके ईनाम हैं अनेक,
हैं तुझे और शेरपा दोनों को मिलते, बनाए रख अपना विवेक।
थाम डॉक्टर, परिवार, मित्र, टीचर या ईश्वर का हाथ,
नई ऊँचाइयाँ छुएगा पक्का, सफल होगा शुभ-लाभ के साथ।

मगर रहना सतर्क धोखेबाजों से, जो फरेब-जाल ही बुनते हैं,
लाभ उठाने तेरी असुरक्षा का, भरसक कोशिश करते हैं।
अपने शेरपाओं को सलीके से चुन, विचार और विमर्शों से,
वे तेरा सत्संग हैं, चढ़ ले अब उनके बताये पर्वतों, चोटियों पे।

सही मेडिटेशन और ब्रीदिंग से चित्त स्थिर करो

सही मेडिटेशन और ब्रीदिंग से चित्त स्थिर करो

साँस अंदर, साँस बाहर, सुन शांति की ध्वनि,
मेडिटेशन कर ध्यान लगा, तुझे मिलेगी सुख की संगति।
'बॉक्स-ब्रीदिंग' (लो-रोको-छोड़ो-रोको), मिटाये उलझन को,
है लाभदायक योग भी, बल दे शरीर और मन को।

डिप्रेशन ले कर आता है, अतीत के तेरे पछतावे,
एंग्ज़ायटी होती भविष्य की, डरती आते दिखते अनिष्टों से।
पर साँस तेरी स्थिर निरंतर, हमेशा यहीं, रहे वर्तमान में,
इस सच को स्पष्ट सुन, कर केंद्रित ध्यान अपनी साँसों पे।

करने लगता है दिल धड़-धड़, डाउट और घबराहट में,
साँसें तेज़ चलतीं बेचैन, अति एक्टिव होने की फीलिंग से।
मगर ध्यान और योग-व्यायाम, स्थिर रखते यहीं पर और अभी में,
व्यवस्थित होती सोच तेरी, बढ़ता विश्वास, चैन होता तेरे दिल में।

संभालने दुःखों को तेरे, शायद ही हो कुछ और बेहतर,
इन अभ्यासों से जो देते विश्राम, कष्टों से मन को भटकाकर।
हर साँस के साथ, होगी तेरी अवस्था और अनुभव परिवर्तित,
पथ पर उपलब्धि व संतोष के, चल पड़ेगा आनंदित प्रफुल्लित।

पाचन की मदद करो
मन का ख़याल
रखने में

पाचन की मदद करो मन का ख़याल रखने में

तेरे पेट में भी बसता एक तेज़ दिमाग है,
जो बातें करता तेरे मन से परस्पर, दीवाना है।
साइंटिस्ट कहते हैं 'गट-ब्रेन' (आंत-मस्तिष्क) इसे,
जुड़ा जो सिर-मस्तिष्क से तेरे, बढ़िया कनेक्शन से।

प्रीबायोटिक्स और प्रोबायोटिक्स, पाचन तंत्र की हैं खुशी,
स्वस्थ फैट्स और नैचुरल खाद्य, ठीक रखें भीतर की स्थिति।
पेट का अम्ल और पित्त भी हो ठीक मात्रा में जब,
न इंटेस्टाइन्स महसूस करें अजीब, मन भी प्रसन्न होता तब।

ना भूलना मन-आंत का संयोग, इन्हें जोड़ती 'वेगस-नर्व' को,
विशेष अभ्यासों से सेवा करो इसकी, सुपरहीरो अदृश्य वो।
पत्तों का हरा, हल्दी और मसाले भी होते सही,
न्युट्रिशन और दवाओं से भरे, ये जानते बड़े-बूढ़े सभी।

तो जब सिर में सब कुछ लगे उलटा-पुल्टा,
बस मदद कर अपने पेट की, और मन को दे सपोर्ट नया।
क्योंकि शरीर की गहराई में, गहरी मित्रता उनकी है बसती,
जो बना सकती तुझे मजबूत, बुद्धिमान और आशावादी।

धन्यवाद, याद
और कल्पना करो

धन्यवाद, याद और कल्पना करो

चिंता की गहराई में, और पकड़ में घबराहट के,
मिलता रास्ता सुधार का, मन की शांति की राह मिले।
खुद पर विश्वास की शक्ति से, मजबूत होता दिल है तेरा,
करता उपयोग तू उसी सामर्थ्य का, जो बसा तुझमें ही होता।

लगा गले कृतज्ञता और विनम्रता से, जीवन के उपहार को,
जो डर नहीं मिटा सकते, उन्हीं आनंद और प्रेम को।
देख हर सुबह अच्छाई अपने भीतर की, आस-पास की भलाई को,
याद रख यह जादुई महामन्त्र, दूर अँधेरे-विकार करने को।

कर कल्पना उस जिंदगी की, जो बैड-लक और नुक्सान के परे हो,
उज्ज्वल भविष्य हो जहां, अँधेरे साये जहां मिट जाते हों।
रख हर कदम विश्वास से, मेन उद्देश्यों को डिसाइड कर,
लिए अच्छा होने की इच्छा, लक्ष्य-प्राप्ति की ओर प्रगति कर।

सहारा ले मददगार लोगों का, जो मार्गदर्शन करें, साथ मेहनत करें,
करुणा से और प्रबलता से, जो डटकर खड़े मिलें इस यात्रा में।
न शर्मसार हो, न डाउटफुल रह, न कष्ट सह तू अकेला,
बॅलेन्स और सहजता से, एकजुटता में बना रास्ता नया।

मनपसंद फिल्में देखो

मनपसंद फिल्में देखो

जब मन हो डिस्टर्बड, भय का हो बोझ दिल पर भारी,
मदद कर सकतीं 'पिक्सार' की दो फिल्में, हिंदी सब-टाइटल वाली।
'टर्निंग रेड' और 'इनसाइड आउट', दोनों समझाते अपने ही ढंग,
सिखाएं सामर्थ्य और शक्ति कैसे बढ़ती, जब करना हो डर को भंग।

'टर्निंग रेड' में दिखे, विकास की कथा एक लड़की की,
सच्ची खुद की पहचान करने की, पग पग आगे बढ़ने की।
बदलावों को गले लगाकर, सीखते चलना, कोशिश करना,
समझकर जीवन के जटिल रास्ते, कैसे उनपर संभलना, संवरना।

'इनसाइड आउट' में, मेनली दिखती भावनाएँ हैं,
हर्ष और दुःख से सजती दुनिया, बसती उन्हीं में संभावनाएं हैं।
साथ-साथ इनको दर्शाते, मनभावन रंगों के मिश्रण से,
है शक्ति रियेलिटी की सहज स्वीकृति, ईमानदारी व खुले मन से।

फिर भी, खुद की पसंद की कहानियाँ ढूंढ, जो करें शांत, मरहम बनें,
तेरे टेस्ट की हों, सुलझाएं ऐंठन, दिल को भायें, हल्का मन को करें।
चुन वही फिल्में, जो बातें करें तेरे संघर्ष और कठिनाई से,
कर तू रौशन जीवन अपना, जीवंत ऐसी कथाओं से, कलाओं से।

न खुलासे से घबराओ,
न नज़र चुराओ

न खुलासे से घबराओ, न नज़र चुराओ

न शर्माओ, न छाया में छिपो, न भागो दूर नज़रों से,
कर पूरी तरह स्वीकार स्वयं को, हो प्रस्तुत हमेशा सत्यता से।
बना सकती है तुझे शर्मसार, काल्पनिक वीकनेस घबराहट की,
पर संघर्ष करने से ज़ाहिर, मदद और आसानी जीवन में आती।

न तकलीफ है कमज़ोरी, न है अपराध कोई, है कसम,
बीमारी है, इलाज संभव है, सोच न इसे दीवानापन।
जब भरोसेमंद प्रियजनों से तू, पारदर्शी करे आचार,
सुगम होगा तब रास्ता तेरा, संभव होगा तेरा उपचार।

स्कूल में, काम पर, घर में, या सार्वजनिक स्थलों पर,
दुःख-दायक तू अपना दौर, विश्वास-पात्रों से शेयर कर।
जिन्हें है सचमुच चिंता तेरी, वे तेरा भला चाहते, होते बेदाग़,
न करते निंदा, न शोषण, न गंदगी, न ही करते वे परित्याग।

मुंह बनाते, हँसते, जो बल पाते, कष्ट में तुझे देखकर,
न कभी थे साथ तेरे, न बन सकेंगे साथी रहबर।
कुछ कहते, मगर कुछ और करते, बहरूपिये ये सधे हुए,
हैं अपनी कई समस्याओं में फंसे, अपनी ही झूठों में दबे पड़े।

मददगार किताबें पढ़ो

मददगार किताबें पढ़ो

भरा जिनमें है मानसिक स्वास्थ्य और कल्याण का ज्ञान,
हैं शिक्षाप्रद ये किताबें, और हैं ये मूल्यवान।
किशोरों और युवाओं के लिए हैं उचित,
इनमें हैं चिंता और स्ट्रेस कम करने के उपाय समाहित।

पाउलो कोएलो की 'अल्केमिस्ट' व 'जीत आपकी' शिव खेरा की लिखी,
उद्देश्य की खोज में मददगार, सिखाये सक्सेस के मायने सभी।
रोबिन शर्मा के कलम से रची 'एक साधू जिसने अपनी फेरारी बेची',
दर्शाए जीवन के असली मायने, बतलाये जीने के कायदे सही।

वैसे ही मार्क मैन्सन की 'बातों को बहुत सीरियसली मत लो',
या वेंडी कोप की रचना 'चिंता को कैसे समझें और दूर करें' पढ़ो।
या फिर 'चिंता मुक्त जीवन', जो शैनन बैटल ने किशोरों वास्ते दी,
लोग सहज ही मानते हैं की लाभदायक हैं ये सभी।

मरीज़ और सेवादार, दोनों ही के लिए गुणकारी,
पाठ्यक्रम में हों ज़रूरी, हो स्कूल-कॉलेज में इनकी पढ़ायी।
फिर भी, जो काम आए एक के, हो सकती नापसंद दूसरे को,
तो चुन किताबें बुद्धिमानी से, संतुष्ट खुद को करने को।

करो पुनर्विचार
अपनी दुखद तिकड़ी पर

करो पुनर्विचार अपनी दुखद तिकड़ी पर

कई युगों से, बची हुई है मानव जाति यहाँ,
झट संकट को महसूस कर, फट भांपकर गड़बड़ हो जहाँ।
रहती है हममें वार्निंग की घंटी, दूर घटते काले बादलों की,
बसते हमारे बचाव के इंतज़ाम, खुद हमारे अंदर ही।

उस पर कॉम्प्लिकेटेड भी है दुनिया, सामना होता है जिसका,
कॉम्पिटिशन और कठोरता से भरी, बढ़ाती जो भय तेरा।
फिर भी ख़याल रख, लहरों में एक्सपेक्टेड मुश्किलों के,
अंधेरे ना तुझे बांधें, दुःख-दर्द की सख़्त बेड़ियों में।

"न मैं सही, न संसार ठीक, न मेरा भविष्य शुभ", सोच ऐसी,
दे तेरी रौशनी को धुंधला, करतीं दुर्बल ये दुखद तिकड़ी।
मगर, डर मत, यकीन कर, है तुझमें शक्ति अपार,
पुनः जीवन पर विचार कर, बना उसे रंगीन, कर सुधार।

कर आवश्यक परिवर्तन, संग बेहतर प्लॅनिंग के हो खड़ा,
ले सहायता, कर प्रयास, प्रगति को अपने मस्त बना।
हर क़दम पर विकसित हो, कर बोरियत और आलस पे वार,
होगा तेरा कॉन्फिडेन्स प्रज्वलित, बनके जीवंत, होगा चमकदार।

जो शांति दें,
वो सुहाने धुन सुनो

जो शांति दें, वो सुहाने धुन सुनो

मधुर संगीत की दुनिया में, जहां प्राण स्वच्छंन्द विचरती है,
कर तुझसे बातें सुरीली, "योग पढ़ी" आशा भरती है।
सुखद इसके लय और सुर, 'ईशा फॉउन्डेशन' के कोमल धुन,
देते दिल को सुकून गहरा, निर्मल तू बनता यह सुन।

'आर्ट ऑफ लिविंग' की "गाइडेड मेडिटेशन", इनायतों से ओत-प्रोत,
चांदनी की मिठास इनमें, राहत के यह सब शीतल स्रोत।
सपनों की लोरी लहराते, अंधियारे में माथा सहलाते हैं,
फीकी पड़ती चिंताएं तेरी, अमन-चैन याद दिलाते हैं।

मन्त्रों में मंत्र, "हनुमान चालीसा" के ढाढ़स को सजदा है,
"गायत्री मंत्र", यह भी भय पे अचूक निशाना करता है।
ये स्वरों के मनभावन नृत्य, गुथे पवित्र सुंदरता में,
परछांई में उजला भरते, करते है ये अजर तुझे।

सच है, अलग होते हैं स्वाद, भिन्न होती सबकी पसंद,
तेरी शांति की खोज में हो, तेरी रूचि तेरा आनंद।
मनमोहक धुन, ऐसी तू चुन, दिल से जो जुड़ जाती हो,
देती हो विश्वास तुझको, रचना प्रायः लुभाती जो।

मदद लो
और डर का सामना करो

मदद लो और डर का सामना करो

करना भय का सामना, हो सकता है कठिन,
कदम यह ज़रूरी है, नहीं छुटकारा इसके बिन।
ढूंढ़ निकालना छिपे डरों को, तेरी है पहली ज़िम्मेदारी,
ताले खोलने स्वतंत्रता के, तेरी आज़ादी की ये चाबी।

होता अगला बड़ा कदम, स्वीकार अपने डर को करना,
उनके पार जाने के लिए, उपाय अपने पंख फ़ैलाने का।
आसान है कल्पना करना, खूब होगा अनिष्ट, होगी बुराई,
पर अक्सर होती न इतनी, पीड़ा-भरी तेरी कठिनाई।

याद कर, जब सीख रहा था तैरना तू,
चुनौती थी गंभीर, डर था विकट, बेकाबू।
पर लगे रहा जब तू, इस तरह, उस तरह, किसी तरह से,
आया दिन जब भूल गया सब, और तैर गया कुशलता से।

डिप्रेशन और एंग्ज़ायटी भी, ठीक हो सकते हैं ऐसे,
रह विश्वास से सामना करते, मिलेगी राहत दैवी चमत्कार हो जैसे।
तो तनकर हो खड़ा, मार कोहनी, पीड़ा और संदेह को कर बगल,
जीवन के असली सुखों से परिचित होगा, जायेगा आगे तू निकल।

तनाव दूर करने वाले
खाद्य पदार्थों का
आनंद लो

तनाव दूर करने वाले खाद्य पदार्थों का आनंद लो

साग-भाजी, पत्तागोभी, ब्रोकली, व फूलगोभी,
जैसे पेठा, गाजर और चुकंदर, हैं शक्ति बढ़ाते सभी।
दूध, घी, अंडा, मछली और मुर्गा भी,
वैसे ही हल्दी और केसर, हैं बड़े सहायक जी।

केला, अनानास, पपीता, संतरा और आलू बुखारा, हैं फायदेमंद बेहद,
करें सेब, तरबूज, बेर और चेरी की ही भांति मदद।
मछली का तेल, अलसी का तेल, बीन्स-मटर, थोड़ा सा और,
ग्रीन टी, कैमोमाइल टी, लेमन-बाल्म चाय, लाभप्रद इन्हीं की बतौर।

डार्क चॉकलेट बिन चीनी, एवं बीज और मेवे,
दही और केफिर के जैसे सब, शुभ और लाभ दिलाते।
नींबू और सिरके के क्या ही कहने,
सेलरी, स्प्राउट्स, एवं दालों के माफिक ही सहायता करते।

हैं चिंता को कम ये करते, उत्साह को हैं बढ़ाते,
हैं तनाव से भी लड़ते, एहसास शांति का लाते।
बल मुकाबले-जूझने का बढ़ाते, सेवन इनका लाभदायक,
तन-मन में विश्वास जगाते, ध्यान देने के हैं ये लायक।

रखो भरोसा
अपने इंटरनल राडार पर

रखो भरोसा अपने इंटर्नल राडार पर

तेरा इंटर्नल राडार एक्टिव, है तुझमें सैंसिटिविटी चरम पे,
बताता ठीक कौन देगा साथ, खूबी ये होती तेरी एंग्ज़ायटी में।
स्ट्रेस और टेन्शन में भी देता साथ, सही बात सुझाता,
ये कंपास यंत्र तेरा भरोसेमंद, न कभी टूटता, न विफल होता।

है कभी लगती मेल-जोल में शर्म, कभी भाग लेने से तू डरता,
लगता जैसे मंच पर चढ़ने में, वैसे ही पलायन को जी करता।
क्या करेंगे जजमेंट ग़लत तेरा, या समझेंगे तुझको कमज़ोर?
या कहीं वे देख सकेंगे, कि तू बदलाव करता पहुँच रहा दूसरी छोर?

अपने इन्ट्यूशन के राडार पर, रख गहरा तू अटूट विश्वास,
राह सही दिखायेगा, उपयोगी लोगों का कराएगा आभास।
ले जायेगा उन चीज़ों की ओर, जो देंगे सुकून बनेंगे सहारा,
करेंगे मदद उबरने में, अशांति और डर को करने नाकारा।

घबराहट ले खींचती भीतर तुझे, आजमाती तेरे विश्वास को,
पर, तेरा ये साथी यंत्र, न देता तुझे डोलने, न बॅलेन्स खोने को।
वह जानता है क्या सही, शायद ही होता गलत कभी,
फ़ॉलो कर उसके नेतृत्व का, गाएं इसके तो गीत सभी।

नज़र रखो,
उपहार मिलेंगे

नज़र रखो, उपहार मिलेंगे

एंग्ज़ायटी की आँधियों में, छिपे बड़े सारे गिफ्ट्स हैं,
किनारों की सुनहरी रेत में दबे, चकित करते वो खज़ाने हैं।
बीतेगा अवश्य टेम्पररी यह दौर, निश्चित रूप से जाएगा,
लाएगा आशीर्वाद और सीखें, फर्स्ट-क्लास स्कूल में पढ़ायेगा।

स्थायी व मजबूत बनें रिश्ते, आपदा और तूफ़ान में,
और पता चलता खुद के बारे में, इस कठिन इम्तिहान से।
मिटते ही धुंध-कोहरे के, स्पष्ट दिखती प्राथमिकताएं हैं,
मिलते तरीके भय मिटाने के, लगती मेहनत की आदत है।

दे परिश्रम को सही दिशा, सपनों के पीछे मोड़ ज़रा,
बन आभारी, कृपा-क्षमा की गोद में बैठ भला।
सच्चे हितैषी हैं चमकते, आकाश के सितारों जैसे,
तुझको हैं वे राह दिखाते, नहलाते सतत अपने प्रकाश में।

ढूंढ इन अनकहे खजानों को, आस्था और निर्मलता से,
दे बदल चिंता की पकड़ को, बहुगुण बल में, प्रॉफिट में खुद के।
क्योंकि, इस यात्रा में, सच्ची प्रगति और विकास है,
तूफ़ान के सेन्टर में भीतर, आस्था और ज्ञान का वास है।

५-४-३-२-१ वाली क्रिया करो

५-४-३-२-१ वाली क्रिया करो

बढ़े जब घबराहट, जब चिंता तुझे करे अकेले,
दिल ज़ोरों से धड़के, लगे मन एकाएक धंसने।
विश्वास कर, नुस्खा ५-४-३-२-१ का काम आए, राहत दे,
५ की गिनती तक साँस ले, छोड़ उतना ही गिनकर, आराम मिले।

४ चीजों पर नज़र डाल, नाम ले उनका एक-एक कर,
कम होगी व्याकुलता ज़रूर, अपने डर से ध्यान हटाकर।
३ आवाज़ें सुन, जिनकी ध्वनि भिन्न और स्पष्ट,
सोच उनके बारे में, कर बस इतना सा कष्ट।
२ चीजों को स्पर्श कर, हों कठोर या फिर मुलायम,
उनकी बनावट का वर्णन कर, केरगा दिल को कायम।

अंत में, कोई १ चीज चख, उसका स्वाद ले,
खट्टा-मीठा हो या तीखा, उसके तू चटकारे ले।
दे उस पर ध्यान पूरा, खूब उसका अनुभव ले,
उलझन तेरी घटती जाए, निश्चित ये तू महसूस करे।

क्रिया ५-४-३-२-१ की करने से, आराम मिलेगा तेजी से,
तकलीफें जाएँ, भूतकाल व भविष्य से उठकर वर्तमान में आने से।

ख़ाली समय को
दोस्त बनाओ

ख़ाली समय को दोस्त बनाओ

जब एंग्ज़ायटी तुझे घेरे है, मन तेरा होता बेकाबू,
और अधिक बिज़ी होने को देखता, और अधिक एक्टिव होता तू।
करता रहता दौड़-भाग, दिन को भर लेता तू गतिविधियों से,
सोचता इससे होगा बचाव, अप्रियता व नेगेटिविटी से।

अधिक जल्दबाज़ी न तेरी सखी, अत्यंत व्यस्तता न सही सोल्यूशन,
यह तो मृगतृष्णा भर है, न है उद्देश्य या समाधान का साधन।
बनाना हो अपना संगी, टिकाऊ प्रगति और उपचार को,
तो कर आवश्यक परिश्रम, पर ले भी गहरे विश्राम को।

न घबरा इस नयी अशांति से, न भाग अनजान छिपे गड़बड़ से,
और चिपकेंगी तक़लीफें वरना, जायेगा झुलस नर्वसनेस से।
दोस्त जैसे अलविदा कर मुश्किलों को, अपनेपन और खुशमन से,
नहीं होंगे ये समीप एक दिन, तब घटेंगे चांस इनके बुरे इफेक्ट के।

करते करते, तू मुक्त खुद को कर पायेगा,
आराम एवं मनोरंजन का, भयमुक्त अनुभव ले सकेगा।
कमायी हुई शांति में, शुरू नई एक जिंदगी होगी,
जिसमें सामर्थ्य तेरे साथ होगा, जिसमें शक्ति तेरे अंदर होगी।

मेल-जोल रखो,
पर नेगेटिव लोगों से दूरी बनाओ

मेल-जोल रखो, पर नेगेटिव लोगों से दूरी बनाओ

जब भ्रम और डाउट ने तुझको हों घेरे,
अगर, डरपोक हों पास, या हों स्वार्थी, या क्रोधी जैसे।
बेकार और नेगेटिव, ये लोग अपने ही चक्कर में,
करते नर्वस, देते डगमगा, तुझे डरा भर देते।

शिकायतें उनकी, प्रवचन उनके, सिर्फ उन्हीं को राहत देते,
पर तेरे लिए तो निश्चित ही वे, हताशा और कष्ट बढ़ाते।
इसलिए, केपेबल और दयावान लोगों को कर अपने संग,
मिलेगी मदद, बढ़ेगा सुकून, बनेगा सत्संग।

लज्जित और असहाय होकर, छिपने को बस करे है मन,
दूरी कर के मानवता से, रहें पड़े न करें मेल-मिलन।
पर, छिपने से नहीं होगा आराम, न मिलेगी झपकी की मरहम,
न थमेगी घबराहट की आहट, न हल्का होगा अंतर्मन।

इसलिए, कर हर काम, जा स्कूल-कॉलेज, बन सामाजिक,
मिल-जुलकर रह साथ उनके, रखें जो तेरी भलाई को प्राथमिक।
बेहतर हो बन आशावादी, हमेशा ले सज्जन का साथ,
वे न करें दुष्प्रचार, न शोषण करें, नहीं कहीं वे छोड़ें हाथ।

थोड़ी मेहनत और
डिटेल वाला काम करो

थोड़ी मेहनत और डिटेल वाला काम करो

चिंता जब पकड़ तेज करे, और संदेह घर कर ले,
हाथों के काम से मिलेगी मदद, उनसे लड़ने में।
ध्यान भटकाने नेगेटिविटी से, एंग्ज़ायटी से जूझने में,
मुश्किल, हाथ का काम देता योगदान, प्रगति करने में।

कुशल निगरानी में, सुरक्षित काम लिए हो हाथ,
रचना प्रेम से कर, मिलेगा अचीवमेन्ट व कॉन्फिडेन्स का साथ।
मॉडल विमानों की बना, या काढ़-बुन दे डिज़ाइन तमाम,
मिल सकता तनाव से छुटकारा, दबाव से आराम।

अलमारी साफ़ और व्यवस्थित कर, चिंताएँ दूर बहते देख,
या पसंदीदा क्रॉसवर्ड पहेलियों में व्यस्त, कर ले खुद की देख-रेख।
ताश के तू महल बना, या गूंध कॉन्सेंट्रेशन से तू आटा,
पा सुकून हर ऐसे कार्य से, ले हर काम से सुलभ सांत्वना।

बढ़िया से चित्रों में रंग भर, या कर पौधों की देखभाल,
अलर्ट होक कर सब कुछ, स्वयं को ले अपने प्रयासों से संभाल।
मेहनत और डिटेल वाले काम, देतीं अमन-ओ-चैन मूल्यवान,
एंग्ज़ायटी में ध्यान भटकातीं, करतीं दुःख-दर्द का कुशल समाधान।

चमकीले उज्जवल रंगों
को भी देखो

चमकीले उज्जवल रंगों को भी देखो

जीवन के जादुई जंगल में, होते अँधेरे भी उजाले भी,
मनोदशा जैसी तेरी हो, दिखते तुझे सब रंग वही।
हो सकता है तू थोड़ा भटके, और हल्का अँधियारा छा जाये,
चुन चमकीले उजियारों को भी, जो प्रकाशित मार्ग तेरा कर जाएं।

निराशा का बोझ न ले भारी, तू हर अपने दिन पर,
प्रदूषण, भ्रष्टाचार, एवं लड़खड़ाती अर्थव्यवस्था, हों भी अगर।
गंदे अपराध और अक्सर होते शोषण से नजर हटा,
पॉसिटिव आशा भरी दुनिया की ओर, नज़र अपनी तू घुमा।

नए खोज, नए आविष्कार, प्रेरणादायक कथा-कहानियों से,
जो भरें दिल को उमंग से, ऐसी कला-प्रतिभाओं से,
सुखद नए अनुभवों से, सच्चे मित्र-प्रियजनों से,
गूँजतीं हँसी-किलकारियों से, चमत्कारों से भी तो प्रेरणा ले।

क्रिएटिव काम कर, ले टेक्नोलॉजी की कृपा,
ज्ञान और कौशल से अपनी दुनिया दे सजा।
ले सुसंगति का सहारा, लुत्फ़ उठा एक-जुट परिवार का,
कर परिश्रम उत्साह से, गूंजे जीवन प्रेम और प्रगति से तेरा।

कॉग्निटिव बिहेवियर थेरपी (सी.बी.टी) शुरू करो
पिंकी - हँसाने वाली मकड़ी

कॉग्निटिव बिहेवियर थेरपी शुरू करो

आरामदायक कुर्सी पर, कॉउन्सेलर के कमरे में यार,
'कॉग्निटिव बिहेवियर थेरपी' लगे जैसे ताज़ी हवा की बयार।
सही मार्गदर्शन की मदद से, देखेगा तू एक नई दिशा,
कैसे सफलता से नियंत्रित करते हैं संघर्ष, उलझन और चिंता।

पहले कदम में, जानेगा जो डराता-भरमाता है तुझे,
जैसे परिस्थितियाँ या समस्याएँ या चीज़ें, साझा करना उन्हें।
दूसरे कदम में, सोचेगा "क्यों है ऐसा?", "बुरा होगा मेरे ही साथ?"
तीसरे कदम में, कोशिश करके बदल लेगा विचार,
उज्जवल, खुशहाल ख़यालों से ढँक सकेगा विषाद-विकार।

टेलीविजन के चैनल बदलते जैसे,
नई तस्वीरें उपस्थित होती हैं CBT में वैसे।
हर प्रैक्टिस सेशन में, तू बेहतर बनते जायेगा,
दिल को जोड़ और बंधन को तोड़ दिखाएगा।

अगर डॉक्टर कहे, तू DBT भी आजमा सकता है,
CBT के साथ, यह भी 4 कौशल दिलाता है।
ध्यान और इमोशनल कन्ट्रोल, जो सच में ज़रूरी,
संकट सहना और पर्सनल एफ्फेक्टिवनेस को भी।

⟞⟝

अपनी
मुख्य ज़िम्मेदारियों
और कार्यों
पर ध्यान दो

अपनी मुख्य ज़िम्मेदारियों और कार्यों पर ध्यान दो

एंग्ज़ायटी की चिंता में, बड़ी आंधी चले,
असमर्थता का बोझ, कंधों पर भारी पड़े।
तेरे 'मुख्य लक्ष्य', तब भी चमकते पुकारते तारों जैसे,
अपनी नैय्या को इन्हीं की ओर बढ़ाता रह दृढ़ता से।

परिवार और प्रियजन सभी कोशिश करें, बनें समर्थ,
हों ये सभी प्रॅक्टिकल, समझें यूनिटी व प्रगति का अर्थ।
अगर हर एक अपने सही रास्ते पर चलता दिखे,
तेरी चिंता और तनाव भी कम हो, धीरे धीरे पिघले।

विचलित ना होते, लक्ष्य से जुड़े, जब कदम आगे चले,
आस्था और विश्वास बढे, शांति और सुख फिर से मिले।
भले धीरे चल, धुंधलापन और कष्ट को मार कोहनी कर परे,
अपने समय, संसाधन, और ऊर्जा को, खुद ही पर खर्च करके।

यही वक्त है, जो रह गया उसमें सुधार कर, बेहतर बना,
जीवन अपने हिसाब से ढाल, निर्माण कर, रौशनी बढ़ा।
याद रख, डर होते कल्पनाओं में, और फल रहते आशाओं में,
कर्म ही होता पूरा अपने हाथ में, इस सत्य की तू गाँठ बाँध ले।

अपने टेन्शन का काल्पनिक पिक्चर-पोस्टकार्ड बनाओ और दूर ढकेलो

अपने टेन्शन का काल्पनिक पोस्टकार्ड बनाओ

जब तू चपेटे में हो भय और नर्वसनेस के,
लगता जैसे बंटा ढार, लगती स्थिति मरम्मत के परे।
उसी भावना को बदल सकता, है तू थोड़े आत्मबल से,
छोटे-से चित्र, एक पोस्ट-कार्ड की धारणा में, अपनी कल्पना से।

मन की गहरी तस्वीर को, जैसी महसूस होती, ठीक वैसी,
चिपका दे एक रंगीन पोस्टकार्ड पर, इमैजिनरी, छोटी सी।
कल्पना कर उसे क्रमशः, घटते और सिमटते जाते,
जब तू उसे ढकेलते रहता, बारंबार ठेलता दूर अपने से।

छोटे से एक डाकटिकट के, दिखता है तब वह समान,
नन्हीं सी साधारण चीज़, जिससे छुटकारा पाना हो आसान।
अंततः तू ज़रा दृढ़ता से, दो-चार बार झटक दे उसे,
करता भीगे उँगलियों से बूंदों को जैसे, एकदम सहजता से।

कम होती नेगेटिविटी इस उपाय से, होता शांति का विकास,
छंटते गहरे काले बादल, होता संभावनाओं का दिल में प्रवास।
अब नहीं तू रहता भय और दुःख से कसा हुआ,
महसूस करता राहत तू, मिलता आराम, पनपती आशा।

——◇○◇——

उचित दूरियाँ बनाओ

उचित दूरियाँ बनाओ

सीमित दायरों की दुनिया में, तेरा सतर्क रहना है आवश्यक,
अपने समय, भावनाओं और ऊर्जा का, है बनना खुद ही रक्षक।
यथोचित सीमाएं बाँध, फिर जीवन के नृत्य का आनंद ले,
ज़रूरी हो जहां, बोल "ना", स्थिर मुद्रा में, सहज भाव से।

अपने लक्ष्यों की खोज में, हो कभी-कभी निश्चित तू विदा,
लोगों, स्थितियों और स्थानों से, जो सीमित करते तेरा दायरा।
ज़रूरी दूरियाँ बना, चल असलियत और दुनियादारी के रास्ते पर,
विकास और सुख-शांति के लिए अपने, चुनाव कर जो भी हो बेहतर।

दोस्त, रिश्तेदार या सहकर्मी, जब डालें व्यवधान, या करें परेशान,
कर प्रॅक्टीस और भी ऊंचाइ लांघने की, कर तैयार प्रगति का सामान।
कर दुनियादारी के नियमों का पालन, हो कर विनम्र, स्थिर-कठोर भी,
उनके प्रतिरोध का तू सामना कर, कभी डटकर, हँस कर कभी।

अनिवार्य है आत्म-देखभाल, बल और हर्ष कायम रखने के लिए,
बनाए स्वस्थ सीमाओं को रख, यही है सही तेरी प्रगति वास्ते।
ढूंढ़ सहायता, प्लॅनिंग और इम्प्लिमेंटेशन आवश्यकतानुसार कर,
अपने मूल्यों और प्राथमिकताओं को, सदैव ध्यान में रख कर।

थोड़ा और सो लो

थोड़ा और सो लो

कड़ी मेहनत कर, उद्देश्य व प्रेरणा के संग,
लक्ष्यों को पा, देख खुशी और संतुष्टि के रंग।
कर श्रम-व्यायाम, भरपूर ले देह से काम,
स्वीकार स्वप्न का आगमन कर, बिना अचरज ले निद्रा विश्राम।

तरस अधिक जिसको भी जितना, उतना मुश्किल उसको है पाना,
तो छोड़ इच्छा नींद की, आएगी खुद जब उसको है आना।
आरामदायक स्नान से, 'कैमोमाइल' चाय की चुस्कियों से,
भगा व्याकुलता संगीत-प्रार्थना से, छुड़ा हाथ बीती दिनचर्या से।

लगा ध्यान, साँसों को व्यवस्थित, संचालित और नियमित कर,
या डॉक्टर की गोलियों से ले मदद, चंचल मन को धीरा कर।
हो सकता लगे अविश्वसनीय, पर ये तो सच है पूरा,
जागे प्रियजन की संगत में, आसान होता है अपना सोना।

लेट तभी जब हो नींद का अहसास, रख रात में विश्वास सर्वदा,
खुश रह मिले जितनी भी, तू कृतज्ञतापूर्वक ले निद्रा।
मिलती सुखद स्वप्नों में ही, वास्तविक शांति की बहाली,
मरम्मत के अवसर प्रभावी, आत्मा की असली आज़ादी।

अपनी मदद करने के लिए
दूसरों की मदद करो

अपनी मदद करने के लिए दूसरों की मदद करो

जब तू खो सा जाए, ले मायूसी तुझे लपेटे में,
कर सहायता दूसरों की, जादुई रिपेयर स्वयं की होती है इससे।
जीवन में यह बल देगा तुझको, क्षमता का भान कराएगा,
करेगा तुझे अंदर से बेहतर, निवारण बाहरी कष्टों का दिलाएगा।

तू दूसरों की समस्याएं सुलझाता, और मदद को हाथ बढ़ाता,
सम्मान, और कृतज्ञता मिलती, तू खुद को भी बलवान पाता।
देखते तेरे प्रियजन तुझको, नयी दृष्टि से, नए रूप में,
अन्य किसी की सेवा करते, बढ़िया अपनी लड़ाई लड़ते।

शक्ति तेरे परोपकार की, करती है चमत्कार,
जगती नई आशा तुझमें, कराती तेरे ही योग्यता से तेरा साक्षात्कार।
तेरा दिल कुछ हल्का होता, हर दया के काम से,
चल पड़ते फिर तेरे पाँव, ठहरा यात्री तू, तेरे घाव हैं भर जाते।

बेहतर वाली
आयरन की गोली लो
Ferr***
******cinate

बेहतर वाली आयरन की गोली लो

हो एंग्ज़ायटी भरा तेरा मन, भड़-भड़ करे दिल की धड़कन,
करा जांच, बढ़ा हो त्रास, खून में शायद कम हो आयरन।
स्थिति जब वैसी, तब अच्छा हो कि प्रिस्क्राइब्ड सप्लीमेंट ले यार,
याद रहे, लड़कियाँ और महिलाएं इस कमी की, होती हैं प्रायः
    शिकार।

हो डॉक्टर की राय, कर आयरन का सेवन, विटामिन-सी के संग,
आयरन के इफ़ेक्ट बढ़ने का, यह है फायदेमंद ढंग।
पाचन तेरा, एंग्ज़ायटी की मार सहता, हो सकता है और बिगड़े,
सामान्य दुकान में मिलते जो, साधारण आयरन की गोलियों से।

अतः, होता है अति महत्त्वपूर्ण, सही सप्लीमेंट का चुनाव,
लें वही, खिलाड़ी करें इस्तेमाल जो, होता विशेष उनका प्रभाव।
बेहतर होते हैं अब्सॉर्ब, होते पेट पर भी नर्म सदा,
सक्षम बनाते, नॉर्मल करते श्वसन-धड़कन, भला भी करते
    मानस का।

ले अपने डॉक्टर या थेरपिस्ट की सलाह,
वे दिखाएँगे रास्ता, सुगम करेंगे तेरी राह।
न होगा और भी तंग, 'एनीमिया' से तेरा तन-मन,
सही ख़ुराक समय पर ले, सही सप्लीमेंट्स से सुखद कर जीवन।

टालमटोल और
एक साथ कई काम करना
कम करो

टालमटोल और एक साथ कई काम करना कम करो

टाल-मटोल और मल्टी-टास्किंग, एक घातक जोड़ी,
सिखा मन को देते हैं, आज़ाद नहीं होना कभी।
लगातार मन के अंदर पटर-पटर, अधूरे काम की नित्य चेतावनी,
बनाते अभ्यस्त अति-विचार का, लिखते दुर्भाग्य की कहानी।

होता शुरू हर पल अलर्ट रहकर, और झट-झट काम बदलने से,
फलतः तार बिजली के उलझते, अंततः उड़ती हैं चिंगारियाँ मन में।
अब दौड़ता रहता तेरा मन, लिए नयी-नयी सोच बेतरतीब जब,
न समझ आती, न थाह लगती, न काम आतीं आसान तरकीबें तब।

धीमा हो, और पलट दे ये आदतें, बात है ये सीधी सी,
ध्यानपूर्वक कर एक समय में एक ही काम, मान ले ये राय मेरी।
घटा महत्त्व गलत चीज़ों का, ध्यान दे मत बेवकूफ़ी की प्रथाओं पे,
चूहे की दौड़ बनेगा जीवन तेरा, मूषक जैसे छटपटाने से।

वैसे जियो जैसे
किसी खुशहाल अतीत में
जिया था

वैसे जियो जैसे किसी खुशहाल अतीत में जिया था

छाये व्याकुलता का धुंद, या घबराहट का कोहरा,
मंज़िल न दिखे साफ़, रास्ता भी लगे भटका।
मुड़ पीछे, प्रिय हृदय, उन पुराने दिनों को कर याद,
अविस्मरणीय उस दौर को, जिसमें विजय और ख़ुशी का स्वाद।

बैठा अच्छी यादों में, गहराइयों में करता वास,
मार्गदर्शक एक तेरा अंतरंग, तेरा एक गुप्त कम्पास।
जो पार नदी असहायता की, ले जाता तुझको सुरक्षित,
किनारा ऐसा ढूढ़ देता, शांति, उद्देश्य जहां उपस्थित।

दोहरा उसी यादगार अतीत को, अनुसरण कर उसके तौर-तरीके,
निकलना हो भूल-भुलैया से, हो आगे बढ़ना जब सुधार वास्ते।
मिले राहत सटीक पर्सनल, बहे मनभावन, परिचित सी बयार,
असमंजस और बेचैनी का, अवश्य ही हो पर्याप्त उपचार।

याद रख, मेरे दोस्त, आसान कुंजी है तेरे पास,
ताला खोले उसी जीवन का, है जिसकी तूने कामना की।
मिले अच्छे बिसरे दिनों के ज्ञान को, तत्पर गले लगा,
हैं तुझमें ही तेरे पंख उड़ान के, भीतर तेरे है नक्शा खुदा।

अनुकूल और
आसान वाला पैमाना चुनो
58

अनुकूल और आसान वाला पैमाना चुनो

मेरे दोस्त, कर दया तू अपने आप पे,
स्वयं की आलोचना से अब, थोड़ा तू विराम ले।
क्योंकि, परफेक्शन की चाहत लिए, बेस्ट की खोज में,
कर रहा तू आकांक्षा अनंत, फंस रहा असफलता की चपेट में।

एंग्ज़ायटी और घबराहट, अक्सर होते नतीजे वे,
बहुत किये मूल्यांकन के, एवं अति किये उम्मीद के।
प्रायः होता जन्म इनका, अधिक दबाव बढ़ाने से,
निराशा पे केंद्रित रहकर, नियमित गड़बड़ के अनुमान से।

रह ईमानदार, चुन सही पैमाना, वस्तुस्थिति या प्रगति का,
चाहे जो पहलू हो जिसमें, अधिक तुझे आगे हो बढ़ना।
दूसरों के कम्पैरिज़न में कर, या इंडिपेंडेन्ट खुद की नाप ले,
उस ही मानक का उपयोग कर, जिससे तू चकाचक दिखे।

फिर भी, सबसे अच्छा हो, अगर तू खुद को रहने दे,
जैसे व्यक्ति स्वतंत्र एक, मानव अतुलनीय जैसे।
मुक्ति ले स्व-आलोचना और अति-अपेक्षाओं के भार से,
और झूठे सिद्धांतों पे रचे-बेस हुए आडम्बर से।

ठंडे पानी से नहाओ

ठंडे पानी से नहाओ

होता तू जब बिलकुल उदास, दिल तेरा है बैठता,
ठंडे पानी से स्नान कर, पलट सकती है तेरी दशा।
निकाल सकता शीतल जल तुझे बेचैनी से, शांत कर सकता,
ध्यान भटकाकर वर्त्तमान में ला देता, है न बढ़िया?

ठंडे पानी के आलिंगन से ऊर्जा और कॉन्फिडेन्स मिलें,
दौड़ती साँसें और धड़कनें हों व्यवस्थित, ज़रा धीरे चलें।
मसल्स रिलॉक्स हो जाते, तनाव-जकड़न कम पड़ें,
ख़ुशी के हॉर्मोन बहने लगते, प्रसन्न-चित्त हम बनें।

रक्त संचार होता स्थिर, शक्ति महसूस होती तब,
चिंता की गर्मी शांत होती, छुएं शीतल जल की बूँदें जब।
त्वचा ताज़ा महसूस करती, टेन्शन की खुजली दूर हो जाती,
ऐसे स्नान से प्रायः आत्मविश्वास और शक्ति जगायी जाती।

असुविधाजनक शुरुआती ठंड को सहते और उसपर विजय पाते,
तू सीखे कि अब भी बढ़ा जा सकता है, स्थितियों पर काबू पा के।
लेकिन पहले अपने डॉक्टर से इस बात की इजाज़त ले,
क्या पता उसके मन में कोई और सुझाव हो तेरे वास्ते।

अच्छे के साथ
बुरा भी स्वीकार करो

अच्छे के साथ बुरा भी स्वीकार करो

जीवन अँधेरे और उजाले का है ताना-बाना,
है सही और ग़लत की संगीतमय सी रचना।
दुःख सिखाता, तो सुख करता प्रोत्साहित,
हैं दोनों भी जरूरी, तुझे करने को विकसित।

परफेक्शन सुहावने को, तरस तू खूब सकता,
पर हर तरह से यह, तुझे ही बाधित करता।
बिना संघर्ष के, आवश्यक कष्ट के बिना,
न जीवन का सीखेगा पाठ, न तेरा विकास होगा।

कल्पना कर, बिन इम्यूनिटी, केवल सैनिटाइज़र की सरल सुरक्षा,
नहीं कोई कठिन परिश्रम, बस सोशल-डिस्टन्स की आसान सुविधा।
हो ऐसा तो महामारी से ढह जाए समाज, चरमराए अर्थव्यवस्था,
न किसी का हो बचाव, न तेरे अस्तित्व की संभावना।

अनपेक्षित अनिष्टों का स्वागत कर, कर उनका प्रभाव नियंत्रित,
कर प्रयास, पार उनसे पा, कर दुर्लभ ख़ज़ाने सुनिश्चित।
अपना ले उनकी सारी शिक्षा, उनसे मिली हुई क्षमताओं को,
कर दे भस्म उनके अवशेष, बेकार उनके हिस्सों को।

करो अभ्यास, बनो माहिर

करो अभ्यास, बनो माहिर

जब तबियत हो ठीक, करो नित अभ्यास, सब दिन मेहनत,
वो सारे उपाय, जो बढ़ाएं विश्वास, करें दूर घबराहट।
जो छायें बादल पुनः, हो तीव्र अशांति की शंका,
प्रशिक्षित तेरे मन और तन, करेंगे निःसंदेह मुकाबला।

अचानक हुई घटना देती प्रायः भुला, करती जादू से भंग,
संभलने के तरीके, उपयोगी सपोर्ट, जो किये थे संग।
कर अथक प्रयास, न मान हार, न स्वीकार मोहभंग,
कर नियमित रियाज़, कर मानस समर्थ, कर प्रबल हर अंग।

शरीर, मन और आत्मा, हैं तिकड़ी परस्पर, इक दूजे पे निर्भर,
कर तीनों का पोषण उचित, कर तीनों के व्यायाम निरंतर।
बनेंगे वे दुर्जय संघटित, दर्शन होंगे तुझे त्रिदेव,
ने हर आंधी के पार तुझको, दिलाएंगे विजय सदैव।

दिन में उत्पन्न
मेलटोनिन का भी
फायदा उठाओ

दिन में उत्पन्न मेलटोनिन का भी फायदा उठाओ

हमारी हसीन दुनिया में, खेलतीं सूरज की किरणें जहां,
नए एक राज़ का हुआ है पर्दाफाश, हो सभी का ध्यान वहां।
धूप से भी निर्मित होता 'मेलटोनिन', सच्चा और मजबूत,
सेल्स में जन्मा 'एंटी-ऑक्सीडेंट', इस बलशाली का मिला है सबूत।

उपज इसकी होती है, अंदरखाने भी हर कोशिका के,
यह निखरता है, मचलता, सूर्य-किरणों की चुंबन से।
'ऑक्सीडेटिव स्ट्रेस' से लड़ता, यह नन्हा दिलेर योद्धा,
स्ट्रेस वाले 'कॉर्टिसोल' को भी पराजित करता, गर्व से होता खड़ा।

होता है अँधेरा जब, हर तारा टिम-टिम करता है,
सभी जानते 'मेलटोनिन' दिलाता आराम, मस्ती में सुलाता है।
सबको पता मस्तिष्क के 'पिनियल ग्लैंड' से बदन में फैलता है,
हमेशा से मार्गदर्शक निद्रा का, नरमी से विश्राम दिलाता है।

कर कोमल सूर्य-किरणों का स्नान, सवेरे और शाम,
कर दिन में भी प्राप्त मेलटोनिन, सिर्फ रात वाले से न ले काम।
अँधेरे जैसा उजाले का भी, दोस्त सहायक इसको जान,
अद्भुत यह उपाय प्राकृतिक, करता तनाव को पलायमान।

यंग लोगों के आस-पास रहो

यंग लोगों के आस पास रहो

तू अपना रास्ता पायेगा, संगति में सक्षम युवाओं की,
उनकी प्रज्ञता और ऊर्जा, होतीं सूर्य के किरणों सी।
आशावादी उनकी सोच उज्जवल, मार्गदर्शक जैसे होता तारा,
यौवन उनका स्वर्णिम काल, उनमें क्षमताओं का संचय सारा।

जीवन के भूलभुलैया में, वे कर्तव्य-पथ अपना बना रहे,
मानसिक स्वास्थ्य के आयामों से, परिचय अपना करा चुके।
मजबूत और सच्ची पकड़ उनकी, जटिलता को समझने में,
संबलता अपनी भी पायेगा तू, उनकी सहज सबलता से।

पहनते रहते मुखौटे वे कई, न इनसे उनका मूल्यांकन हो,
क्योंकि वे तो हृदय में अपने, धरें प्रेम और दया संजो।
निश्चित रूप से देंगे सहारा, तेरे अप्रिय, अनिष्ट के काल में,
उनके साथ मिलकर खड़ा हो तू, अभिमान से, विश्वास से।

आर्टिफिशियल शुगर
अवॉयड करो

आर्टिफिशियल शुगर अवॉयड करो

जब तनाव हो भरपूर, और घबराहट ज़ोर से धरता है,
तत्परता और साहस दिखाने का प्रयास, तेरा तन-मन करता है।
पर्याप्त करने को तैयारी, चीनी का स्तर खून में है बढ़ता,
संभावित आफत से लड़ने वासते, करने को ऊर्जा मुहैय्या।

लेकिन घटित ऐसे का होना, चिंता का सबब बन जाती है,
न समझा तू इस बात को तो, परेशानी तेरी बढ़ सकती है।
बच जा आर्टिफिशियल, उत्पादित, साधारण चीनी-मीठे से,
कॉम्प्लेक्स कार्बोहाइड्रेट्स का ले सहारा, बन समर्थ उनके प्रभाव से।

है सही, ताज़ा, संतुलित व पौष्टिक व्यंजन-भोजन ही,
खुशी और स्वास्थ्य के लिए, दरख़ास्त मेरी है यही।
कर सिन्थेटिक चीनी और जंक-फूड से दूरी,
मिलेगी शरीर एवं मन को, चाहिए जैसी खुशहाली।

ध्यान रहे, जब तनाव बेहिसाब आए करीब,
सुन केवल अपने शरीर की धुन, इतनी सी लगा तरकीब।
चुन पेट में क्या है डालना, कर सोच-समझकर पोषाहार,
बुद्धि को बना ले नायक अपना, शरीर को घनिष्ट अपना यार।

अपने आप को
ज़रुरत से ज़्यादा
सीरियस्ली मत लो

अपने आप को ज़रुरत से ज़्यादा सीरियस्ली मत लो

भव्य ब्रह्मांड में, है तू छोटे कण मात्र सा,
विशाल सांसारिक यंत्र का, अदना सा पुर्ज़ा।
चलता फिर भी इठलाते, सीना फुला के, सर उठा के,
मानो हो टिका आसमान, अभिमानी तेरे कांधों पे।

करता चिंता, सहता तनाव तू, कन्ट्रोल की सदा चेष्टा करता,
होते निरर्थक ये प्रयास, निभाता जब तू अपनी भूमिका।
क्यूंकि नृत्य है यह जीवन, बहुधा अप्रत्याशित,
और घूमती रहती ये धरती, रहस्यमयी सी करती चकित।

राज़ बस यही है दोस्त, अपना ले उतार-चढ़ाव,
फैला पंख, लगा छलांग, कर स्वीकार हवा का बहाव।
हँसी से, और प्यार से, घटे बोझ, छंट बादल जाते,
तेरा जीवन छंद भर का सच, ज्ञानी हैं सदा समझाते।

कर दिल को हल्का तू, भय को दे दरिया में डाल,
है क्षण-भंगुर अस्तित्व तेरा, वर्षों का चाहे जीवन-काल।
उद्देश्य और कर्म ही हमेशा देंगे साथ,
"कुछ करो, न कि कुछ बनो", इस सत्य का पकड़ लो हाथ।

उत्तेजक पदार्थों से
दूर रहो

उत्तेजक पदार्थों से दूर रहो

हो तू बहुत व्याकुल, हो तेरे मस्तिष्क में मचा बवाल,
नशीले पदार्थों का सेवन न कर, रख तू अपना उचित ख़याल।
शराब और सिगरेट लगेंगे सहारा, जैसे हों वे बैसाखी,
वास्तव में, करेंगे और बुरा हाल, बढ़ाएंगे और भी तेरी बेचैनी।

निर्धारित दवाओं में है शामिल, एमर्जेन्सी की भी दवा,
साथ इनके उत्तेजक तत्व न मिला, ये बात गाँठ बांध ले ज़रा।
उल्टा-पुल्टा कर सकते दवाओं का असर, या रिएक्शन दें करवा,
मादक, प्रेरक पदार्थों को कर तू नमस्कार, इनको दूर से ही भगा।

जब हताशा चरम पर हो, और मन हो विचलित भारी,
विचित्र बन सकती तेरी सोच, हो सकता तेरा बिहेवियर अहितकारी।
बना उत्तेजक पदार्थों से संभव दूरी, समाधान नहीं हैं ये,
स्वस्थ तरीकों को अपना, राहत और निदान पाने के लिए।

भरोसेमंद लोगों का
ग्रुप बढ़ाओ

भरोसेमंद लोगों का ग्रुप बढ़ाओ

चिंता घर कर जाती है, टेन्शन और नकारात्मकता के साथ,
डर और संदेहों के एहसास, रहते सदा हाथ में हाथ।
उठा कारणों पर सवाल, कर तू भय पर हरदम वार,
चित्त को नित ला वर्त्तमान में, अनिश्चितता का कुंद कर धार।

व्यक्तिगत क्षमता की वृद्धि, समाधान की है कुंजी,
लक्ष्यों को पुनर्स्थापित कर, स्पष्ट इम्प्लिमेंटेशन नीति अच्छी।
अकेले के विकास की पर है सीमा, पर्याप्त समय की ना मात्रा,
हो उपलब्ध अतिरिक्त योग्यता, जिससे हो पुनर्घटित दिशा।

कोशिश से यदि प्रियजन भी, अपना अपना करें सुधार,
कुल क्षमता होगी विस्तृत, धुन में होंगे सुर और तार।
घटेगा सीने से बोझ, वांछित प्रगति के होंगे आसार,
असहायता की बेड़ियों पर होगा जैसे कड़ा प्रहार।

हर कोई रखे एक दुसरे का ख़याल, बढ़ाये मदद का हाथ,
कम होंगे दुःख-दर्द, एंग्ज़ायटी क्या लड़े ऐसी टोली के साथ।
बढ़ते चल, बढ़ा संभावनाएं, एकत्र हुए सामर्थ्य के संग,
और जूझ चुनौतियों से, सकारात्मकता से कर अंतरंग।

ज़रुरत पड़े तो अपना सीन बदलो

ज़रुरत पड़े तो अपना सीन बदलो

तू पा सकता है गति में जीवन की कभी,
उलझे अपने रास्ते नियति से निर्दयी।
लेकिन सन्दर्भ की तबदीली, बदलाव तेरे परिवेश में,
कर सकते शुद्ध तेरी दिनचर्या, कर सकते सुधार स्थिति में।

लगा गले ज्ञान को, कर पहल नयी दिशाओं में,
उन राहों पे, उन लोकों तक, सपने जहां हों पीछा करते।
बदले परिदृश्य में, है होता भाग्य पुनर्व्यवस्थित,
है मानसिक स्वास्थ्य फलता, जब होती ऊर्जा पुनर्केंद्रित।

घर या काम को बदलने से, कभी हो सकता सुधार है,
जब ध्यानपूर्वक चुने हों तूने, विकल्प ये विस्तार के।
कर ऐसा फैसला, अगर परिस्थिति अनुमति देती हो तेरी,
न उभरें नई चिंताएँ जिससे, न होवे और तबीयत टेढ़ी।

—•—

याद रहे,
मार्ग ही आनंद है

याद रहे, मार्ग ही आनंद है

सुख तक पहुँचने का रास्ता कहीं नहीं, कहते हैं,
रास्ता ही लाता खुशियों की बहारें, सुनते हैं।
बाधाएँ आती हैं, चुनौतियाँ मिलती हैं,
उन्हें कर स्वीकार, अवसरों जैसे स्वरुप उनके हैं।

चिंताएं कानों में सुनातीं, अधूरे कार्यों की ज़ुबानी,
कहाँ जीतने की लड़ाई, अभी बाकी है कहानी।
हो मामला स्वास्थ्य, धन, प्रेम, प्रतिष्ठा या परिवार का,
उस विशिष्ट डर को हरा, आसमान की बुलंदियों को छू ज़रा।

नया संकल्प कर, फिर अपना हिस्सा निभा,
पहचानी गहराईयों में, फिर एक बार दिल से संघर्ष कर भला।
पर बुद्धि हमसे कहती है, जब रात सफर की कटती है,
नहीं कोई मंजिल सुनहरी इंतजार हमारे बैठी है।

मील के पत्थर ही बताते, हमारे पग-पग प्रगति का आलम,
जीवन के कर्त्तव्य पथ पर, हम कैसे रहते कायम।
खुशी मिलती नहीं किसी मानक में, ना कभी कोई अंत में,
मिलती राह की हर मुश्किल के पार, हर ऊंचाई चढ़ने में।

एक एक कदम
आगे बढ़ते रहो

एक एक कदम आगे बढ़ते रहो

तेरे व्याकुल मन के अँधेरे साये में अनजाने,
एक पेंचदार कुंडली लगे उभरने बढ़ने।
उम्मीदों का वज़न उठाकर, अप्रसन्न हृदय को तेरे लेकर,
सम्बन्ध, धन, सुरक्षा, प्रतिष्ठा, इन्हीं में किसी डर को लादकर।

जब आतंक है बढ़ता, और सेल्फ-डाउट जकड़ लेता है,
तेरा मन डरता तेरे ही भविष्य से, हिचकता अनहोनी से,
लगता जैसे निराशा की ढलान, जहाँ विचार मनमर्ज़ियाँ करते हैं,
पर समीप ही है एक उपाय, निकट पहुँच में राहत है।

"कुछ कर गुज़र, कुछ बनने की तमन्ना छोड़", तू सीखे,
तभी ऊम्दा घूमे चक्र जीवन का, सुचारु रूप से, ये तू जाने।
उन्नति कितनी भी छोटी, प्रज्ज्वलित तेरी अग्नि को करती,
आत्म-विश्वास उड़ान कराता, उठाता ऊँचा, भांति फ़ीनिक्स की।

बहुत खुद को तंग रखा हो, या अधिक दी हो ढील स्वयं को,
अपनी बेड़ियाँ दे उतार, स्व-आलोचना के खेल से मुक्त हो,
ध्यान को पुनर्स्थापित कर, अपनी करनी को दे भरने उड़ान,
रौशनी देगा हर छोटा कदम तेरा, मिले हर उपलब्धि से ज्ञान।

प्राप्त फायदों को
कायम रखो

प्राप्त फायदों को कायम रखो

इतने कठिन समय में तूने क्या कमाल काम किया,
ज्ञान प्राप्त किया, जो प्रिय है, आसान है, उसे बदल दिया।
लक्ष्य केंद्रित, तेरा रास्ता अब साफ़ है, साथ कर्म के,
तू प्यार और संकल्प के साथ जिए, नहीं साथ डर के।

रिश्ते खिले, कलह का समय नहीं, न बेकार के बंधन,
जीवन के प्रति तेरा दृष्टिकोण अब बना साधन संपन्न।
सहज स्वभाव से, फिर भी खुद के प्रति बहुत सच्चा तू,
समय को मुट्ठी में रखकर महत्वपूर्ण बिंदुओं पर काम करता तू।

चिंता एक शिक्षक थी, आवश्यक मगर कठोर भी,
साथ लायी सीख और ज्ञान, नसीहत जीवन जीने की।
उन उपहारों को खोने मत दे, जो मुश्किल से हाथ आये हैं,
शर्म की बात होगी गँवा देना, जो आशीर्वाद तूने जुटाए हैं।

नज़र रख, पुराने तौर-तरीके और आदतें छुपी हुई हैं,
तू अभी भी तू ही है, इसलिए नवीनतम अंश अभी कच्चे हैं।
नई दौलत संभाले रखना बहुत कठिन है, सभी जानते,
जो हमेशा साथ नहीं थे, वो जाते हुए शायद ही दिखते।

अभी के लिए बस इतना ही।

मजबूती से डटे रहो और विश्वास रखो। सब कुछ ठीक हो जाएगा।

और ध्यान रखना, इस दौरान ढेर सारे गिफ्ट्स भी मिलेंगे।

आभार

आप सभी महानुभावों को, बिना किसी विशेष क्रम के:

आरएस, एसके, एफयू, एपी, केएस, बीएस, आरसी, एसटी, एलएस, वीपी, एमडी, केपी, एमजे, जीएम, एलसी, आरके, ईजी, एनके

मेरे दिल की गहराइयों से धन्यवाद, और ईश्वर आपको अपनी विशेष कृपा और आशीर्वाद के साथ-साथ मेरे भी हिस्से आने वाली कुछ अनुकम्पा प्रदान करें। मेरा 'बाघू' आपकी ही वजह से ही ठीक हो पाया है।

मेरे पास अधिक शब्द नहीं हैं, लेकिन मेरा हृदय कृतज्ञता से भरा है।

मैं आपके नाम का खुलासा नहीं कर रहा हूं, ऐसा न लगे कि मैं अपने काम की स्वीकृति और प्रचार-प्रसार के लिए आपकी वैधता और सद्भावना का फायदा उठा रहा हूं।

मेरे बारे में

मेरा नाम पराग है, और अपनी पत्नी और दो बेटियों के साथ पश्चिमी भारत में मुंबई के पास ठाणे में रहता हूँ। पेशे से ह्यूमन रिसोर्स कंसल्टन्ट हूँ, और अपने क्लाइंट संगठनों के लोगों को बढ़िया काम करने और अच्छा बनने में मदद करता हूँ।

महामारी के दौरान जब हमारा एक प्रियजन एंग्ज़ायटी और पैनिक डिसॉर्डर से ग्रसित हुआ, हम सारे परिवार-जनों ने ठाना कि हम इसके बारे में खूब सीखेंगे, और, यथाशक्ति, साथ मिलकर, डटकर मुकाबला करेंगे। जब डॉक्टर, थेरपिस्ट, दोस्तों और रिश्तेदारों की सहायता से हमें सफलता मिली, और हमारा प्रियजन ठीक हुआ, तब हमनें तय किया कि अपने कठिन समय को हम एक दुर्भाग्य समझकर भूलेंगे नहीं। अपितु, अपने २-३ वर्षों के अनुभवों और सीखों को लोगों से साझा करेंगे ताकि वे उनके भी ज़रूरत के वक़्त काम आ सकें।

जो भी हितकारी सामग्री हमनें धीरे-धीरे और मेहनत से इकट्ठा की थी, उसे सहज, आकर्षक और असरदार तरीके से प्रस्तुत करने के लिए मैंने जेनरेटिव आर्टिफिशियल इंटेलिजेन्स (ए आई) टूल्स को सीखा और उपयोग किया है।

आज-कल कविताओं का ज़माना लौट रहा है, और, ये पहले से बेहतर, अब सचित्र होती हैं। और एंग्ज़ायटी के बारे में बात करना भी तो आसान बना सकती हैं। इस वजह से मैंने यह कविताओं का सचित्र संग्रह बनाया है।

आशा है आपको यह किताब पसंद आएगी और आपके किसी प्रियजन के मुश्किल वक़्त में उपयोगी साबित होगी।

www.ingramcontent.com/pod-product-compliance
Lightning Source LLC
Chambersburg PA
CBHW021554150726
47990CB00006B/2543